<50억짜리 임장보고서> 별책부록

50억 임장노트

진서원

일러두기

◆ 이 임장노트는 <50억짜리 임장보고서> 책에서 설명한 '임장보고서'를 수기 형식으로 구현한 것입니다.

◆ PC에서 파일 형식(ppt)으로 작성하고 싶다면 저자 블로그 '자료실'에서 임장보고서 템플릿 파일을 다운로드 받으세요.(비번 : 7777)

blog.naver.com/jungsung330 → 자료실

첫번째 임장노트

<1단계> 지역 정하기

<2단계> 지역 파보기

<3단계> 지역별 입지 분류하기

<4단계> 발품 팔며 세부 내용 보강하기

<5단계> 나만의 투자 기준 확인하기

<6단계> 최종 투자처 정하기

나는 에 투자한다!

<1단계> 지역 정하기

(자세한 작성법은 <50억짜리 임장보고서> 153쪽 참조)

투자 후보 지역을 선정한 후 각각 인구수를 적어보세요.

(인구수 : 행정안전부(www.mois.go.kr) → [정책자료] → [통계] → [주민등록 인구통계] 자료 참고)

투자 후보 지역	인구수(시 단위 기준)	투자 후보 지역	인구수(시 단위 기준)
1		5	
2		6	
3		7	
4		8	

2 투자 후보 지역별로 매매 평단가와 최고가 아파트 가격을 적어보세요.

('네이버 부동산', '호갱노노', '아실' 등 참고)

투자 후보 지역	매매 평단가(만원/평)	최고가 아파트 가격(억원)
1		
2		
3		
4		
5		
6		
7		
8		

3 투자 후보 지역별로 매매가 대비 평균 전세가율을 적어보세요.

('호갱노노', '아실' 등 참고)

투자 후보 지역	평균 전세가율(%)
1	
2	
3	

투자 후보 지역별로 향후 2~3년 입주 물량 확인하기

('호갱노노', '아실' 등 참고)

투자 후보 지역	수요량(호) (수요량은 인구수×0.05%)	향후 2~3년 입주 물량	
		내년	내후년
1			
2			
3			

3곳 중에서 가장 저평가된 1곳을 선정합니다.

<2단계> 지역 파보기

(자세한 작성법은 <50억짜리 임장보고서> 156쪽 참조)

투자할 지역의 주요 시설을 파악해서 써보세요.

(지자체 홈페이지, 나무위키, 포털 검색, 구글링 등)

(   ) 지역의 주요 시설 파악하기

지형의 특징	
주요 도로	
주요 하천	
주요 시설	

지도

(지도 출력 후 붙여서 주요 내용 표시)

2 투자할 지역의 행정구역을 파악해서 써보세요.

	특 징
( )구	
( )구	
지도	

(지도 출력 후 붙여서 주요 내용 표시)

3 투자할 지역의 택지지구 개발 현황을 파악해서 써보세요.

( ) 지역의 택지지구 개발 현황 '택지정보시스템(www.jigu.go.kr)' 참고

연도별 택지지구 개발 순서	

신축이 많은 지역과 구축이 많은 지역도 유심히 살펴봅니다.

( ) 지역의 택지지구 개발 현황 '택지정보시스템(www.jigu.go.kr)' 참고

연도별 택지지구 개발 순서	

<3단계> 지역별 입지 분류하기

(자세한 작성법은 <50억짜리 임장보고서> 159쪽 참조)

투자할 지역의 인구 구조를 파악해서 써보세요.

( ) 지역의 인구 파악하기 '부동산 지인' 활용하기

인구수 증감 여부

세대수 증감 여부

인구 전출입 현황

지도

(지도 출력 후 붙여서 주요 내용 표시)

2 투자할 지역의 교통을 파악해서 써보세요.

( ) 지역의 교통 파악하기 '네이버 지도', '네이버 부동산' 활용하기

지하철
위치 파악하기
(수도권)

수도권은 지하철 위치를 파악해보고, 수도권 외 지역은 철도 위치를 파악해보고, 지하철과 철도가 없는 지역은 IC 위치를 파악해봅니다.

(지도 출력 후 붙여서 주요 내용 표시)

3 투자할 지역의 학군을 파악해서 써보세요.

(   ) 지역의 학군 파악하기

학군은 '아실' 중학교 학업성취도 / 학원가는 '호갱노노'의 학원가 현황 활용하기

학군
파악하기

학원가
파악하기

(지도 출력 후 붙여서 주요 내용 표시)

투자할 지역의 직장 구조를 파악해서 써보세요.

(   ) 지역의 직장 파악하기

직장 현황
(인구수 대비 종사자 비율 및 대기업 종사자 비율, 주요 직장)

지도

직장 관련 자료 찾기 참고

- 전국 사업체 현황 : 국가통계포털(kosis.kr)-[온라인간행물]-[주제별]-[경제일반·경기/기업경영]
- 산업단지 현황 : 한국산업단지공단(www.kicox.or.kr)-[정보공개]-[산업단지정보]-[산업단지통계]-[전국산업단지현황통계]
- 소득 현황 : 국세통계포털(tasis.nts.go.kr)-[04 원천세]-[4-2 근로소득 연말정산 신고 현황]

(지도 출력 후 붙여서 주요 내용 표시)

5 투자할 지역의 공급을 파악해서 써보세요.

(   ) 지역의 공급 파악하기 '부동산 지인' 활용하기

2~3년간 공급 계획

지도

(지도 출력 후 붙여서 주요 내용 표시)

인구/교통/학군/직장/공급을 파악했다면 투자입지 순서를 정해보세요.

( ) 지역의 투자입지 순서

1순위 투자입지

2순위 투자입지

3순위 투자입지

4순위 투자입지

지도

(지도 출력 후 붙여서 주요 내용 표시)

<4단계> 발품 팔며 세부 내용 보강하기

(자세한 작성법은 <50억짜리 임장보고서> 167쪽 참조)

투자할 지역을 직접 방문해서 확인한 후 동별 세부 내용을 써보세요.

(   ) 지역의 동별 특징

(   )동

(   )동

(   )동

(   )동

(   )동

(   )동

(   )동

(   )동

(   )동

(   )동

(　　　　　　　　　　)동

지도

(지도 출력 후 붙여서 주요 내용 표시)

( )동

지도

(지도 출력 후 붙여서 주요 내용 표시)

(   )동

지도

(지도 출력 후 붙여서 주요 내용 표시)

2

투자할 지역을 직접 방문한 후 주요 아파트 단지 시세 흐름 그래프와 지도를 출력해서 붙여보세요.

(　　　　　　　　　　　　) 지역의 주요 단지 시세 흐름 '호갱노노' 활용하기

주요 아파트 단지 시세 흐름 그래프를 지도 위에 붙여보세요.

3 투자할 지역의 동별 모든 아파트의 시세 조사를 해보세요.

( ) 지역의 주요 단지 시세 '네이버 부동산' 활용하기

	시세 현황				
	연식	세대	평형	매매가	전세가
( ) 아파트					
( ) 아파트					
( ) 아파트					
( ) 아파트					
( ) 아파트					
( ) 아파트					
( ) 아파트					
( ) 아파트					

(   ) 지역의 주요 단지 시세

	시세 현황				
	연식	세대	평형	매매가	전세가
( ) 아파트					
( ) 아파트					
( ) 아파트					
( ) 아파트					
( ) 아파트					
( ) 아파트					
( ) 아파트					
( ) 아파트					

<5단계> 나만의 투자 기준 확인하기

(자세한 작성법은 <50억짜리 임장보고서> 171쪽 참조)

자신만의 투자 기준을 되새기며 적합한 투자처인지 확인하세요.

	투자 기준
1	
2	
3	
4	
5	
6	
7	
8	

<6단계> 최종 투자처 정하기

(자세한 작성법은 <50억짜리 임장보고서> 174쪽 참조)

<1급지> 매물 정리하기

( ) 동 : 가급적 같은 평형대 비교

		매물1	매물2	매물3
아파트 정보	행정동			
	매물 본 날짜			
	아파트 이름			
	아파트 입주 연월			
	세대수			
	평형(공급면적)			
가격	동호수			
	평단가			
	매매가			
	예상 전세가			
	매매 - 전세(투자금)			
	전세가율			
매물 정보	계단식 / 복도식			
	방 / 화장실 개수			
	방향			
수리 상태	현재 수리 상태 (추가 수리 필요 여부)			
거래 특이사항				

2 <2급지> 매물 정리하기

( ) 동 : 가급적 같은 평형대 비교

		매물1	매물2	매물3
아파트 정보	행정동			
	매물 본 날짜			
	아파트 이름			
	아파트 입주 연월			
	세대수			
	평형(공급면적)			
가격	동호수			
	평단가			
	매매가			
	예상 전세가			
	매매 - 전세(투자금)			
	전세가율			
매물 정보	계단식 / 복도식			
	방 / 화장실 개수			
	방향			
수리 상태	현재 수리 상태 (추가 수리 필요 여부)			
거래 특이사항				

3 <3급지> 매물 정리하기

( ) 동 : 가급적 같은 평형대 비교

		매물1	매물2	매물3
아파트 정보	행정동			
	매물 본 날짜			
	아파트 이름			
	아파트 입주 연월			
	세대수			
	평형(공급면적)			
가격	동호수			
	평단가			
	매매가			
	예상 전세가			
	매매 - 전세(투자금)			
	전세가율			
매물 정보	계단식 / 복도식			
	방 / 화장실 개수			
	방향			
수리 상태	현재 수리 상태 (추가 수리 필요 여부)			
거래 특이사항				

<최종 투자처> 결정하기

나는 ______________ 에 투자한다!

투자금

현금	대출1 - 전세금	대출2 - 은행 기타
원	원	원

매도 계획

년 후

매도 예상 금액

원

목표 수익률

%

두 번 째

임장 노트

<1단계> 지역 정하기

<2단계> 지역 파보기

<3단계> 지역별 입지 분류하기

<4단계> 발품 팔며 세부 내용 보강하기

<5단계> 나만의 투자 기준 확인하기

<6단계> 최종 투자처 정하기

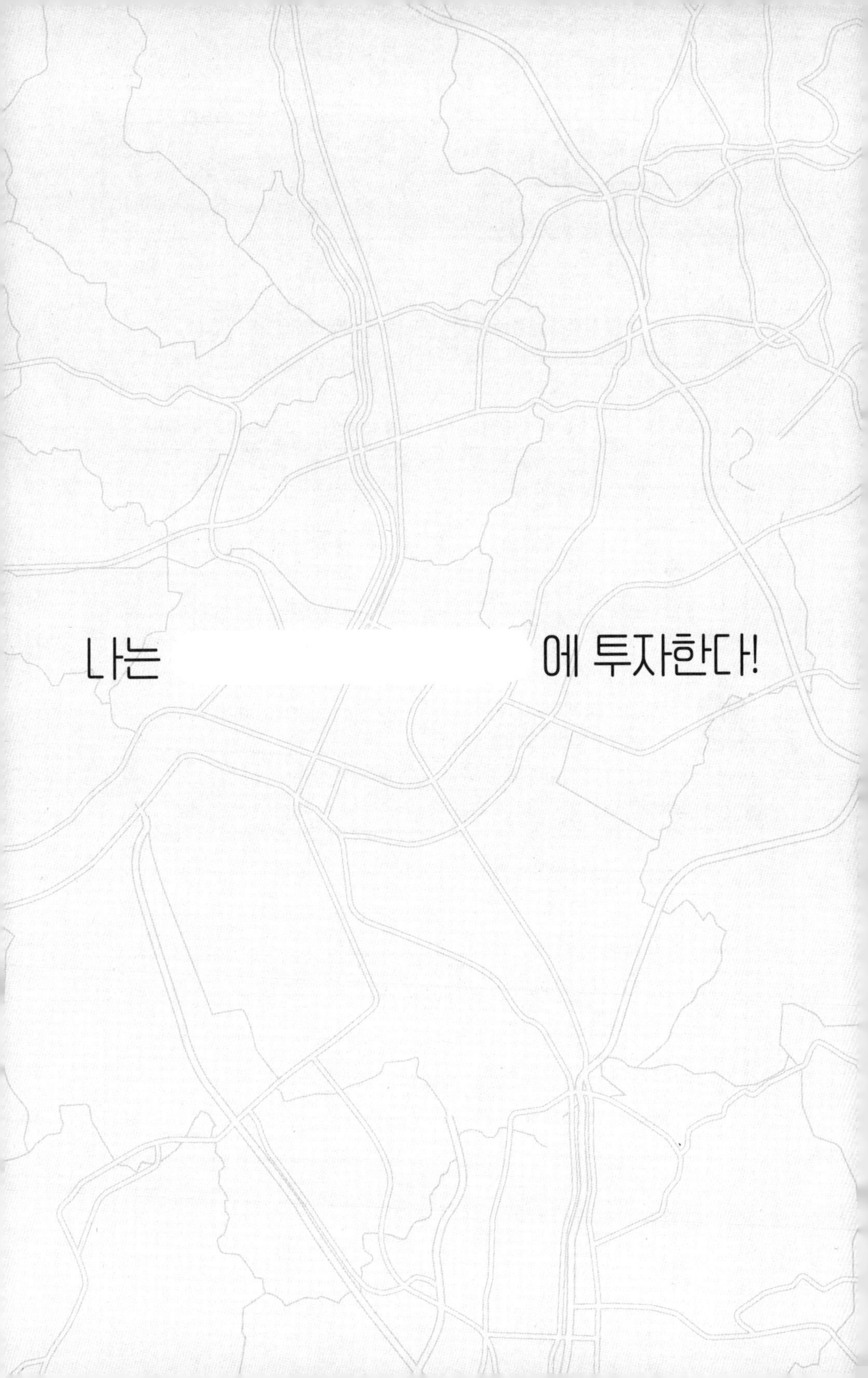
나는 에 투자한다!

<1단계> 지역 정하기

(자세한 작성법은 <50억짜리 임장보고서> 153쪽 참조)

투자 후보 지역을 선정한 후 각각 인구수를 적어보세요.

(인구수 : 행정안전부(www.mois.go.kr) → [정책자료] → [통계] → [주민등록 인구통계] 자료 참고)

투자 후보 지역	인구수(시 단위 기준)	투자 후보 지역	인구수(시 단위 기준)
1		5	
2		6	
3		7	
4		8	

2 투자 후보 지역별로 매매 평단가와 최고가 아파트 가격을 적어보세요.

('네이버 부동산', '호갱노노', '아실' 등 참고)

투자 후보 지역	매매 평단가(만원/평)	최고가 아파트 가격(억원)
1		
2		
3		
4		
5		
6		
7		
8		

3 투자 후보 지역별로 매매가 대비 평균 전세가율을 적어보세요.

('호갱노노', '아실' 등 참고)

투자 후보 지역	평균 전세가율(%)
1	
2	
3	

4 투자 후보 지역별로 향후 2~3년 입주 물량 확인하기

('호갱노노', '아실' 등 참고)

투자 후보 지역	수요량(호) (수요량은 인구수×0.05%)	향후 2~3년 입주 물량	
		내년	내후년
1			
2			
3			

3곳 중에서 가장 저평가된 1곳을 선정합니다.

<2단계> 지역 파보기

(자세한 작성법은 <50억짜리 임장보고서>156쪽 참조)

투자할 지역의 주요 시설을 파악해서 써보세요.

(지자체 홈페이지, 나무위키, 포털 검색, 구글링 등)

( ) 지역의 주요 시설 파악하기

지형의 특징	
주요 도로	
주요 하천	
주요 시설	

지도

(지도 출력 후 붙여서 주요 내용 표시)

2 투자할 지역의 행정구역을 파악해서 써보세요.

	특 징
( )구	
( )구	

지도

(지도 출력 후 붙여서 주요 내용 표시)

3 투자할 지역의 택지지구 개발 현황을 파악해서 써보세요.

( ) 지역의 택지지구 개발 현황 '택지정보시스템(www.jigu.go.kr)' 참고

연도별 택지지구 개발 순서	

신축이 많은 지역과 구축이 많은 지역도 유심히 살펴봅니다.

( ) 지역의 택지지구 개발 현황 '택지정보시스템(www.jigu.go.kr)' 참고

연도별 택지지구 개발 순서	

<3단계> 지역별 입지 분류하기

(자세한 작성법은 <50억짜리 임장보고서> 159쪽 참조)

투자할 지역의 인구 구조를 파악해서 써보세요.

(   ) 지역의 인구 파악하기 '부동산 지인' 활용하기

인구수 증감 여부

세대수 증감 여부

인구 전출입 현황

지도

(지도 출력 후 붙여서 주요 내용 표시)

2 투자할 지역의 교통을 파악해서 써보세요.

(   ) 지역의 교통 파악하기 '네이버 지도', '네이버 부동산' 활용하기

지하철
위치 파악하기
(수도권)

수도권은 지하철 위치를 파악해보고, 수도권 외 지역은 철도 위치를 파악해보고,
지하철과 철도가 없는 지역은 IC 위치를 파악해봅니다.

(지도 출력 후 붙여서 주요 내용 표시)

3 투자할 지역의 학군을 파악해서 써보세요.

( ) 지역의 학군 파악하기

학군은 '아실' 중학교 학업성취도 / 학원가는 '호갱노노'의 학원가 현황 활용하기

학군 파악하기

학원가 파악하기

(지도 출력 후 붙여서 주요 내용 표시)

4 투자할 지역의 직장 구조를 파악해서 써보세요.

( ) 지역의 직장 파악하기

직장 현황
(인구수 대비 종사자 비율 및 대기업 종사자 비율, 주요 직장)

지도

직장 관련 자료 찾기 참고
- 전국 사업체 현황 : 국가통계포털(kosis.kr)-[온라인간행물]-[주제별]-[경제일반·경기/기업경영]
- 산업단지 현황 : 한국산업단지공단(www.kicox.or.kr)-[정보공개]-[산업단지정보]-[산업단지통계]-[전국산업단지현황통계]
- 소득 현황 : 국세통계포털(tasis.nts.go.kr)-[04 원천세]-[4-2 근로소득 연말정산 신고 현황]

(지도 출력 후 붙여서 주요 내용 표시)

5 투자할 지역의 공급을 파악해서 써보세요.

( ) 지역의 공급 파악하기 '부동산 지인' 활용하기

2~3년간
공급 계획

지도

(지도 출력 후 붙여서 주요 내용 표시)

인구/교통/학군/직장/공급을 파악했다면 투자입지 순서를 정해보세요.

( ) 지역의 투자입지 순서

1순위 투자입지

2순위 투자입지

3순위 투자입지

4순위 투자입지

지도

(지도 출력 후 붙여서 주요 내용 표시)

<4단계> 발품 팔며 세부 내용 보강하기

(자세한 작성법은 <50억짜리 임장보고서> 167쪽 참조)

투자할 지역을 직접 방문해서 확인한 후 동별 세부 내용을 써보세요.

( ) 지역의 동별 특징	
( )동	
( )동	
( )동	
( )동	
( )동	
( )동	
( )동	
( )동	
( )동	
( )동	

( )동

지도

(지도 출력 후 붙여서 주요 내용 표시)

( )동

지도

(지도 출력 후 붙여서 주요 내용 표시)

(   )동

지도

(지도 출력 후 붙여서 주요 내용 표시)

투자할 지역을 직접 방문한 후 주요 아파트 단지 시세 흐름 그래프와 지도를 출력해서 붙여보세요.

(   ) 지역의 주요 단지 시세 흐름 '호갱노노' 활용하기

주요 아파트 단지 시세 흐름 그래프를 지도 위에 붙여보세요.

3 투자할 지역의 동별 모든 아파트의 시세 조사를 해보세요.

( ) 지역의 주요 단지 시세 '네이버 부동산' 활용하기

	시세 현황				
	연식	세대	평형	매매가	전세가
( ) 아파트					
( ) 아파트					
( ) 아파트					
( ) 아파트					
( ) 아파트					
( ) 아파트					
( ) 아파트					
( ) 아파트					

(   ) 지역의 주요 단지 시세

	시세 현황				
	연식	세대	평형	매매가	전세가
( ) 아파트					
( ) 아파트					
( ) 아파트					
( ) 아파트					
( ) 아파트					
( ) 아파트					
( ) 아파트					
( ) 아파트					

<5단계> 나만의 투자 기준 확인하기

(자세한 작성법은 <50억짜리 임장보고서> 171쪽 참조)

자신만의 투자 기준을 되새기며 적합한 투자처인지 확인하세요.

	투자 기준
1	
2	
3	
4	
5	
6	
7	
8	

<6단계> 최종 투자처 정하기

(자세한 작성법은 <50억짜리 임장보고서> 174쪽 참조)

<1급지> 매물 정리하기

( ) 동 : 가급적 같은 평형대 비교

		매물1	매물2	매물3
아파트 정보	행정동			
	매물 본 날짜			
	아파트 이름			
	아파트 입주 연월			
	세대수			
	평형(공급면적)			
가격	동호수			
	평단가			
	매매가			
	예상 전세가			
	매매 - 전세(투자금)			
	전세가율			
매물 정보	계단식 / 복도식			
	방 / 화장실 개수			
	방향			
수리 상태	현재 수리 상태 (추가 수리 필요 여부)			
거래 특이사항				

2 <2급지> 매물 정리하기

( ) 동 : 가급적 같은 평형대 비교

		매물1	매물2	매물3
아파트 정보	행정동			
	매물 본 날짜			
	아파트 이름			
	아파트 입주 연월			
	세대수			
	평형(공급면적)			
가격	동호수			
	평단가			
	매매가			
	예상 전세가			
	매매 - 전세(투자금)			
	전세가율			
매물 정보	계단식 / 복도식			
	방 / 화장실 개수			
	방향			
수리 상태	현재 수리 상태 (추가 수리 필요 여부)			
거래 특이사항				

3 <3급지> 매물 정리하기

( ) 동 : 가급적 같은 평형대 비교

		매물1	매물2	매물3
아파트 정보	행정동			
	매물 본 날짜			
	아파트 이름			
	아파트 입주 연월			
	세대수			
	평형(공급면적)			
가격	동호수			
	평단가			
	매매가			
	예상 전세가			
	매매 - 전세(투자금)			
	전세가율			
매물 정보	계단식 / 복도식			
	방 / 화장실 개수			
	방향			
수리 상태	현재 수리 상태 (추가 수리 필요 여부)			
거래 특이사항				

<최종 투자처> 결정하기

나는 ____________ 에 투자한다!

투자금

현금 .... 원

대출1 - 전세금 .... 원

대출2 - 은행 기타 .... 원

매도 계획

.... 년 후

매도 예상 금액

.... 원

목표 수익률

.... %

세 번 째

임장 노트

<1단계> 지역 정하기

<2단계> 지역 파보기

<3단계> 지역별 입지 분류하기

<4단계> 발품 팔며 세부 내용 보강하기

<5단계> 나만의 투자 기준 확인하기

<6단계> 최종 투자처 정하기

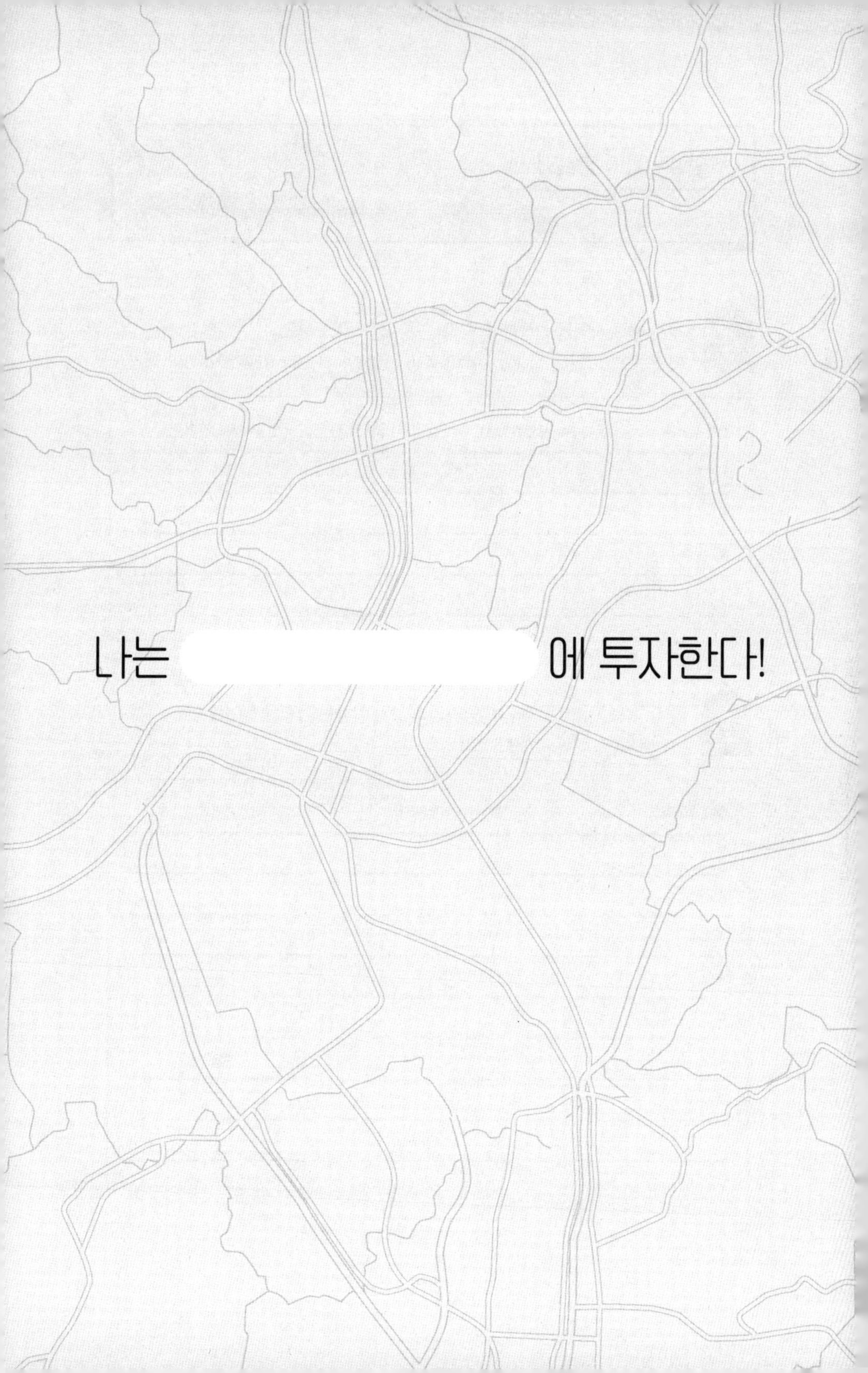
나는 에 투자한다!

<1단계> 지역 정하기

(자세한 작성법은 <50억짜리 임장보고서> 153쪽 참조)

투자 후보 지역을 선정한 후 각각 인구수를 적어보세요.

(인구수 : 행정안전부(www.mois.go.kr) → [정책자료] → [통계] → [주민등록 인구통계] 자료 참고)

투자 후보 지역	인구수(시 단위 기준)	투자 후보 지역	인구수(시 단위 기준)
1		5	
2		6	
3		7	
4		8	

2 투자 후보 지역별로 매매 평단가와 최고가 아파트 가격을 적어보세요.

('네이버 부동산', '호갱노노', '아실' 등 참고)

투자 후보 지역	매매 평단가(만원/평)	최고가 아파트 가격(억원)
1		
2		
3		
4		
5		
6		
7		
8		

3 투자 후보 지역별로 매매가 대비 평균 전세가율을 적어보세요.

('호갱노노', '아실' 등 참고)

투자 후보 지역	평균 전세가율(%)
1	
2	
3	

4 투자 후보 지역별로 향후 2~3년 입주 물량 확인하기

('호갱노노', '아실' 등 참고)

투자 후보 지역	수요량(호) (수요량은 인구수×0.05%)	향후 2~3년 입주 물량	
		내년	내후년
1			
2			
3			

3곳 중에서 가장 저평가된 1곳을 선정합니다.

<2단계> 지역 파보기

(자세한 작성법은 <50억짜리 임장보고서> 156쪽 참조)

투자할 지역의 주요 시설을 파악해서 써보세요.

(지자체 홈페이지, 나무위키, 포털 검색, 구글링 등)

(　　　　　　　　　　) 지역의 주요 시설 파악하기

지형의 특징	
주요 도로	
주요 하천	
주요 시설	

지도

(지도 출력 후 붙여서 주요 내용 표시)

2 투자할 지역의 행정구역을 파악해서 써보세요.

	특 징
(　　　　　)구	
(　　　　　)구	

지도

(지도 출력 후 붙여서 주요 내용 표시)

3 투자할 지역의 택지지구 개발 현황을 파악해서 써보세요.

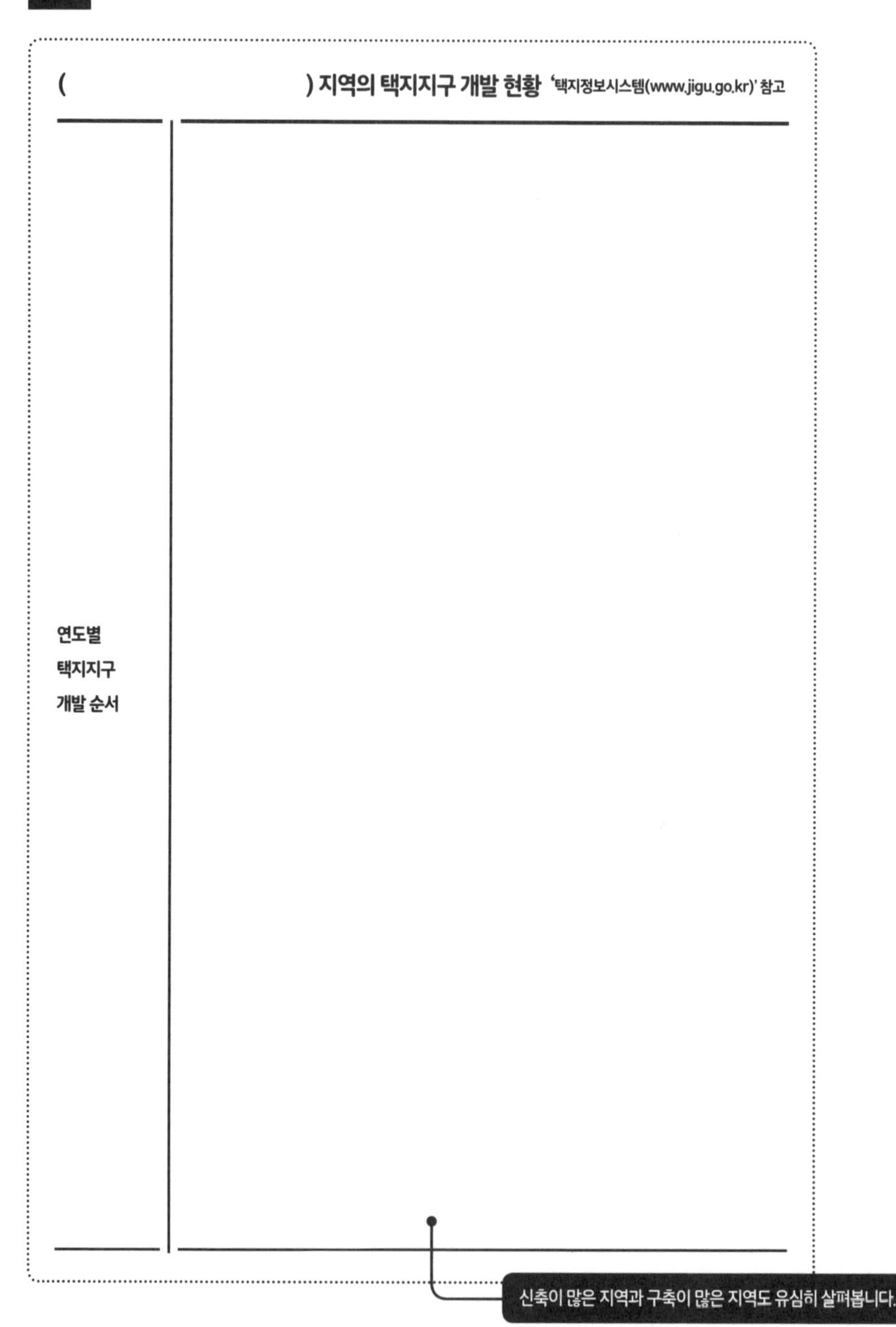

( ) 지역의 택지지구 개발 현황 '택지정보시스템(www.jigu.go.kr)' 참고

연도별
택지지구
개발 순서

<3단계> 지역별 입지 분류하기

(자세한 작성법은 <50억짜리 임장보고서> 159쪽 참조)

투자할 지역의 인구 구조를 파악해서 써보세요.

( ) 지역의 인구 파악하기 '부동산 지인' 활용하기

인구수 증감 여부

세대수 증감 여부

인구 전출입 현황

지도

(지도 출력 후 붙여서 주요 내용 표시)

2 투자할 지역의 교통을 파악해서 써보세요.

( ) 지역의 교통 파악하기 '네이버 지도', '네이버 부동산' 활용하기

지하철
위치 파악하기
(수도권)

수도권은 지하철 위치를 파악해보고, 수도권 외 지역은 철도 위치를 파악해보고,
지하철과 철도가 없는 지역은 IC 위치를 파악해봅니다.

(지도 출력 후 붙여서 주요 내용 표시)

3 투자할 지역의 학군을 파악해서 써보세요.

( ) 지역의 학군 파악하기

학군은 '아실' 중학교 학업성취도 / 학원가는 '호갱노노'의 학원가 현황 활용하기

학군
파악하기

학원가
파악하기

(지도 출력 후 붙여서 주요 내용 표시)

투자할 지역의 직장 구조를 파악해서 써보세요.

(   ) 지역의 직장 파악하기

직장 현황
(인구수 대비 종사자 비율 및 대기업 종사자 비율, 주요 직장)

지도

직장 관련 자료 찾기 참고
- 전국 사업체 현황 : 국가통계포털(kosis.kr)-[온라인간행물]-[주제별]-[경제일반·경기/기업경영]
- 산업단지 현황 : 한국산업단지공단(www.kicox.or.kr)-[정보공개]-[산업단지정보]-[산업단지통계]-[전국산업단지현황통계]
- 소득 현황 : 국세통계포털(tasis.nts.go.kr)-[04 원천세]-[4-2 근로소득 연말정산 신고 현황]

(지도 출력 후 붙여서 주요 내용 표시)

5 투자할 지역의 공급을 파악해서 써보세요.

( ) 지역의 공급 파악하기 '부동산 지인' 활용하기

2~3년간 공급 계획

지도

(지도 출력 후 붙여서 주요 내용 표시)

인구/교통/학군/직장/공급을 파악했다면 투자입지 순서를 정해보세요.

( ) 지역의 투자입지 순서

1순위 투자입지

2순위 투자입지

3순위 투자입지

4순위 투자입지

지도

(지도 출력 후 붙여서 주요 내용 표시)

<4단계> 발품 팔며 세부 내용 보강하기

(자세한 작성법은 <50억짜리 임장보고서> 167쪽 참조)

투자할 지역을 직접 방문해서 확인한 후 동별 세부 내용을 써보세요.

( ) 지역의 동별 특징

( )동

( )동

( )동

( )동

( )동

( )동

( )동

( )동

( )동

( )동

(　　　　　　　　　)동

지도

(지도 출력 후 붙여서 주요 내용 표시)

(   )동

지도

(지도 출력 후 붙여서 주요 내용 표시)

(   )동

지도

(지도 출력 후 붙여서 주요 내용 표시)

투자할 지역을 직접 방문한 후 주요 아파트 단지 시세 흐름 그래프와 지도를 출력해서 붙여보세요.

(　　　　　　　　　　　　) 지역의 주요 단지 시세 흐름 '호갱노노' 활용하기

주요 아파트 단지 시세 흐름 그래프를 지도 위에 붙여보세요.

3 투자할 지역의 동별 모든 아파트의 시세 조사를 해보세요.

( ) 지역의 주요 단지 시세 '네이버 부동산' 활용하기

	시세 현황				
	연식	세대	평형	매매가	전세가
( ) 아파트					
( ) 아파트					
( ) 아파트					
( ) 아파트					
( ) 아파트					
( ) 아파트					
( ) 아파트					
( ) 아파트					

(   ) 지역의 주요 단지 시세

	시세 현황				
	연식	세대	평형	매매가	전세가
( ) 아파트					
( ) 아파트					
( ) 아파트					
( ) 아파트					
( ) 아파트					
( ) 아파트					
( ) 아파트					
( ) 아파트					

<5단계> 나만의 투자 기준 확인하기

(자세한 작성법은 <50억짜리 임장보고서> 171쪽 참조)

자신만의 투자 기준을 되새기며 적합한 투자처인지 확인하세요.

	투자 기준
1	
2	
3	
4	
5	
6	
7	
8	

<6단계> 최종 투자처 정하기

(자세한 작성법은 <50억짜리 임장보고서> 174쪽 참조)

<1급지> 매물 정리하기

(   ) 동 : 가급적 같은 평형대 비교

		매물1	매물2	매물3
아파트 정보	행정동			
	매물 본 날짜			
	아파트 이름			
	아파트 입주 연월			
	세대수			
	평형(공급면적)			
가격	동호수			
	평단가			
	매매가			
	예상 전세가			
	매매 - 전세(투자금)			
	전세가율			
매물 정보	계단식 / 복도식			
	방 / 화장실 개수			
	방향			
수리 상태	현재 수리 상태 (추가 수리 필요 여부)			
거래 특이사항				

2 <2급지> 매물 정리하기

( ) 동 : 가급적 같은 평형대 비교

		매물1	매물2	매물3
아파트 정보	행정동			
	매물 본 날짜			
	아파트 이름			
	아파트 입주 연월			
	세대수			
	평형(공급면적)			
가격	동호수			
	평단가			
	매매가			
	예상 전세가			
	매매 - 전세(투자금)			
	전세가율			
매물 정보	계단식 / 복도식			
	방 / 화장실 개수			
	방향			
수리 상태	현재 수리 상태 (추가 수리 필요 여부)			
거래 특이사항				

3 <3급지> 매물 정리하기

(　　　　　　　　　　　) 동 : 가급적 같은 평형대 비교

		매물1	매물2	매물3
아파트 정보	행정동			
	매물 본 날짜			
	아파트 이름			
	아파트 입주 연월			
	세대수			
	평형(공급면적)			
가격	동호수			
	평단가			
	매매가			
	예상 전세가			
	매매 - 전세(투자금)			
	전세가율			
매물 정보	계단식 / 복도식			
	방 / 화장실 개수			
	방향			
수리 상태	현재 수리 상태 (추가 수리 필요 여부)			
거래 특이사항				

<최종 투자처> 결정하기

나는 ______________ 에 투자한다!

투자금

현금
.... 원

대출1 - 전세금
.... 원

대출2 - 은행 기타
.... 원

매도 계획

.... 년 후

매도 예상 금액

.... 원

목표 수익률

.... %

우리 아이 주식부자 만들기

박현아, 서창호 지음 | 17,000원

자녀주식 계좌! 수익률 200% 달성!
유튜브 '알고TV' 통해 복리의 기적 공유!

- 미성년 자녀를 위한 주식투자 4단계 실천법!
- 계좌개설부터 현금증여, 절세, 종목선정, 경제교육까지!

부록 | 2년 만에 경제인플루언서가 된 엄마의 공부법

나는 월급날, 주식을 산다!

봉현이형 지음 | 17,000원

네이버 인기 인플루언서 봉현이형 투자법
월 33만원 초우량주가 10년 후
부를 좌우한다!

- 재무제표 몰라도, 차트분석 안 해도 주식투자 할 수 있다?
- 사회초년생부터 네임드까지 열광한 〈봉현이형 투자법〉 3단계 실천!